Dire la flore

HAÏKUS

Sous la direction de
Francine Chicoine

Dire la flore

Accompagné des œuvres de Noriko Imaï

Préface de Robert Melançon

Les Éditions
David

*Les Éditions David remercient le Conseil des Arts du Canada,
le ministère du Patrimoine canadien, par l'entremise du Partenariat
interministériel avec les communautés de langue officielle (PICLO),
le Secteur franco-ontarien du Conseil des arts de l'Ontario et la
Ville d'Ottawa.*

*Les Éditions David remercient également Alexandra et Patrick
Champagne, Prospects Plus, Coughlin & Associés Ltée, le Cabinet
juridique Emond Harnden et la firme comptable Vaillancourt,
Lavigne & Ashman.*

Catalogage avant publication (Canada)

Chicoine, Francine, 1945-
    Dire la flore / Francine Chicoine.

(Voix intérieures-haïku)
ISBN 2-89597-027-0

    I. Titre. II. Collection.

PS8555.H4675D57 2004   C841'.54   C2004-904216-5

Révision : Frèdelin Leroux
Illustration de la couverture : Tulipes, *mixte-média, Noriko Imaï*
Maquette de la couverture, typographie et montage :
Anne-Marie Berthiaume graphiste

Les Éditions David   Téléphone : (613) 830-3336
1678, rue Sansonnet   Télécopieur : (613) 830-2819
Ottawa (Ontario) K1C 5Y7   ed.david@sympatico.ca

Site internet : www3.sympatico.ca/ed.david/

Le Conseil des Arts | The Canada Council
du Canada | for the Arts

ONTARIO ARTS COUNCIL
CONSEIL DES ARTS DE L'ONTARIO

*Nous tenons à remercier
Jeanne Painchaud et Serge Tomé
pour leur précieuse collaboration
lors de l'étape de sélection.*

*Merci également à Étienne Provençal
et Réjean Tremblay
du département de biologie
du CEGEP de Baie-Comeau;
leur regard avisé a contribué
à ce que ces haïkus sur la flore
s'inscrivent tout naturellement
dans le rythme des saisons.*

Noriko Imaï, *Magnolia*, encre

Une anthologie,
à proprement parler

On lira ici, au sens propre, une anthologie, c'est-à-dire «un choix, une collection de fleurs» — ce qu'on appelle couramment un herbier —, selon la définition de Littré qui note que ce mot est «peu usité au propre». Il l'est si peu, en fait, que ce sens est à toutes fins utiles sorti de l'usage, évincé par le sens figuré de «recueil de petites pièces de vers choisis», toujours selon la définition de Littré. Il y a lieu, à propos de ce livre, d'associer ces deux acceptions : doublement anthologique, il est à la fois un recueil de pièces de vers et une collection de fleurs. Il manifeste ainsi une parenté, que chacun peut sentir, entre la flore et la poésie. La flore poétise la terre. Ne l'entendons pas banalement. La flore rend la terre habitable : tout lieu qui en est dépourvu est désert. Je n'hésiterai pas à en dire autant de la poésie, qui n'est pas non plus un ornement mais la réaction spontanée devant la merveille qu'offre à profusion, à chaque instant, chaque point du monde que la sottise humaine n'a pas transformé en un enfer. Je n'exagère pas : observez un petit enfant laissé à lui-même, tout à sa joie, au printemps, sur une étendue quelconque d'herbe parsemée de beaux pissenlits jaunes. Observez-vous vous-mêmes, à une autre saison, dans l'attention ou l'enthousiasme, qui sont l'une et l'autre des formes de joie :

bruissement doux
des feuilles rousses glissent
le long du trottoir

partout des feuilles
partout des glands et des châtaignes
partout l'automne

La poésie donne une forme à la vie telle qu'elle s'offre à chacun à tout instant. Formuler sans fioritures le choc qu'on en éprouve alors, tel me semble le propre du haïku. En voici une anthologie changeante, selon le cycle de l'année qui figure en abrégé toute la vie.

Robert Melançon

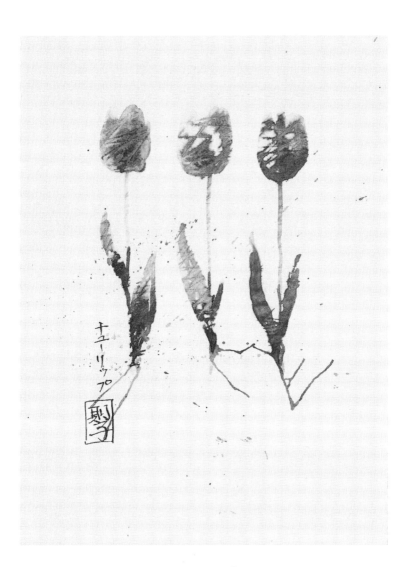

Noriko Imaï, *Tulipe*, encre

jours qui rallongent
une série de longs glaçons
frangent la haie

Angèle Lux

érable à sucre
suspendu au chalumeau
un glaçon et son ombre

Monique Parent

entre les dents
d'un vieux râteau
des feuilles de l'an dernier

Blanca Baquero

une tulipe jaune
pointe la tête
dans un jardin oublié

Aline Mailhot

entre ses doigts potelés
des fleurs indigènes
son premier bouquet

Monique Parent

trois pissenlits
dans un verre d'eau
bouquet pour maman

Céline Lefebvre

jardin miniature
des fleurs printanières
sur le timbre-poste

Hélène Bouchard

rue Sainte-Catherine

papiers   mégots   seringue

et un pissenlit

Claire Du Sablon

au centre-ville

à l'arrêt d'autobus

un orme se meurt

Claude Rodrigue

au fond du jardin
le cerisier a fleuri
les voisins oublient leurs différends

Jocelyne Villeneuve

dentelle de pissenlits
un décor de printemps
autour de moi   la table

Louve Mathieu

sur le banc du parc
des pelures de bourgeons
je cherche une place

Lisa Carducci

au bout de la rue
la blancheur du magnolia
ici son odeur

Line Michaud

un bouleau noueux
à ses pieds
une colonie de trilles jaunes

Évelyne Voldeng

incident diplomatique
mes clématites
traversent la clôture

Céline Larouche

sous le vieil arbre
les jonquilles rassemblées
au loin   les cloches

Carole Labarthe

lendemain d'averses
les pétales des pommiers
sèchent dans l'herbe

Hélène Boissé

escalade

sur le mur de brique

le lierre s'agrippe

Carmen Leblanc

le parfum des fleurs

un lièvre a fait halte

près de la muraille

Jocelyne Villeneuve

NORIKO IMAÏ, *Pavot*, encre

sur le carrelage
des pétales mouillés
aube d'été

Linda Brousseau

entre mes pieds embourbés

dans la vase de la tourbière

un sabot de la Vierge

Monika Thoma-Petit

comme on les reconnaît

les fleurs sauvages

dans le traité de botanique

Robert Melançon

au bout de la tige
sphère blanche de pissenlit
prête à l'envol

Céline Lefebvre

des fleurs de lilas
dans le courant d'eau douce
un matin de juin

Gracia Couturier

au vent chaud d'été
la course du pollen
dans ma cour

Danyelle Morin

.

motifs floraux
sur la boîte de mouchoirs
pour mon rhume des foins

Benoît Moreault

les fraises des champs
une vipère se glisse en zigzags
dans l'ombre rouge

Jocelyne Villeneuve

sur le bouleau blanc
des mots d'amour passionnés
écrits au couteau

Joscelyn Vaillancourt

paroi abrupte
l'alpiniste figé
par une orchidée

Mario Dubé

sur la route du Nord
des épinettes s'en vont
à la papeterie

Francine Petit

comment l'oublier
il envahit mon jardin
le myosotis bleu

Ginette Fauquet

les coquelicots
rouge intense dans le jardin
parmi les fleurs pastel

Hélène Larocque-Nolin

myosotis morts

dans la serre de maman

les outils rouillés

France Lapierre

dans ses mains jointes

un bouquet de violettes

maman repose

Claire Du Sablon

journée sans vent
le mobile de bambou
reste silencieux

Benoît Moreault

entre mes pouces
et sous mon souffle
le cri d'un brin d'herbe

Anne-Marie Labelle

dans le gazon
qu'il faudrait tondre
la queue de l'écureuil

Robert Melançon

à genoux
sur un brin d'herbe
une mante religieuse

Francine Chicoine

pluie du matin
à l'ombre du marronnier
des flaques de ciel

Angèle Lux

lent lombric
rue de congères
au pied des chênes

Louve Mathieu

quand il n'y a personne
la nuit   il y a encore le plantain
au bord du trottoir

Robert Melançon

une branche de bouleau
frappe la vitre
la maison se réveille

Jacques Gauthier

symphonie de lumière

près d'un soleil renversé

un iris jaune

Évelyne Voldeng

sur la table

depuis des jours

l'œillet résiste

Andrée Feuillette

suspendue à un fil
elle descend
la plante araignée

Hélène Roussy

au fond du couloir
des tournesols tout près
d'un Van Gogh

Jean Dorval

42

l'oiseau-mouche
le bec dans une rose trémière
arrêt sur image

Benoît Moreault

un colibri boit
dans les lys près de la porte
baisser la télé

Yvon LeBlond

au cœur de la rose
l'abeille disparaît
j'attends

Mario Dubé

sur le mur blanc
l'ombre des colibris danse
au-dessus des lys

Claire Du Sablon

brouillard matinal
même le champ de soya
s'est évaporé

Hélène Boissé

regain de stellaires
les vaches mangent
des étoiles

Nane Couzier

ma mère me sourit
dans le champ de marguerites
sa dernière photo

Rachelle Renaud

jeu de cache-cache
dans les hautes herbes
sortie des lucioles

Claude Rodrigue

douce   verte   fragile
elle tient les dalles du patio
la mousse veloutée

Robert Melançon

devant ma porte
il est bien vert
le pin rouge

Ginette Fauquet

de retour chez moi
enfin loin des bruits de bouche
le vent dans les trembles

Hélène Boissé

à perte de vue
blancs violets roses ou bleus
encore des lupins

Ginette Fauquet

la chatte ronronne
répandue sur l'oreiller
l'odeur des fougères

Hélène Boissé

chemin d'épervières
entre les spirées sauvages
toilettes pour chien

Nane Couzier

dans le champ de blé
et sur son tablier bleu
des marguerites

Hélène Bouchard

récolte d'été
dans le grand champ de maïs
un enfant perdu

Linda Brousseau

l'épilobe bleu
dans le vent de fin d'été
bientôt l'école

France Lapierre

labyrinthe
dans un champ de maïs
jeux d'enfants

Jocelyne Bélanger

des fleurs bleues et blanches
penchent la tête vers l'eau
Angélus du soir

Angèle Lux

nénuphars en fleur
quelques carpes rouges
nagent sous la nappe

Suzette Lecomte

près du marais
dans la sarracénie pourpre
une mouche disparaît

Denise Ruest

au bord de l'étang
les fleurs étranges
des silènes enflés

Anne-Marie Tanguay

à perte de vue
la toundra sous mes pieds
en vert lichen

Danyelle Morin

orage d'été
imprégnée dans la mousse
l'odeur de la pluie

Carmen Leblanc

nénuphar
je m'approche
il s'éloigne

Jessica Tremblay

nénuphar jaune
lotus de marécage
l'éternité s'est posée

Danielle Dubé

tes cheveux

et le ramage du saule

passage du vent

Éric Gascon

pain   vin   fleurs sauvages

sur la nappe pêle-mêle

avec les amoureux

Hélène Bouchard

matin de brouillard
le tournesol
tourné vers l'est

Carmen Leblanc

brouillard
au pied du phare
épervières orangées

Monique Parent

du bleu partout

ciel et mer

et terre de bleuets

Louise Pellerin

les samares d'érable

planent sur des airs

d'Apocalypse now

Guy Cusson

les ombelles des fleurs
entre les troncs saupoudrés
de sciure d'arbre

Évelyne Voldeng

dans la cour arrière
longue trace de bran de scie
un vide immense

Francine Chicoine

lendemain de tempête
échouées sur la plage
deux algues entrelacées

Hélène Bouchard

des algues presque noires
autour d'une cheville
presque blanche

Gisèle Otis

début septembre
j'arrose les géraniums
sans conviction

Suzette Lecomte

nuit de septembre
la lumière d'un tracteur
et la lune des moissons

Louise Vachon

Noriko Imaï, *Arbres*, encre

début d'automne
les grandes fougères du sous-bois
teintées de rouille

Anne-Marie Tanguay

au cœur des monts
le bouillonnement du torrent
au pied des arbres roux

Évelyne Voldeng

encore du jaune
dans la rousseur des fougères
début d'automne

Francine Chicoine

toutes les pommes du verger

croquées

par le photographe

Marie Amiot

fin septembre

un dernier fruit rouge

sur le framboisier

Céline Lefebvre

pluie silencieuse
les feuilles du cerisier
tombent une à une

Carmen Marois

tombée du jour
sur le reflet des feuilles
d'autres feuilles

Angèle Lux

chiffons au panier
et le chêne qui jette ses feuilles
une à une à une

Jocelyne Villeneuve

il pleut
des pommes
c'est l'automne

Cécile Cloutier

au pied de l'arbre noir
par grand vent toutes ses couleurs
en forme de feuilles

Jeanne Painchaud

bruissement doux
des feuilles rousses glissent
le long du trottoir

Francine Chicoine

partout des feuilles
partout des glands et des châtaignes
partout l'automne

Jocelyne Villeneuve

mensonges des ombres
la mienne atteint même celle
du sommet des grands ormes

Jeanne Painchaud

au crématorium
cendres parmi les chrysanthèmes
qui ne fanent plus

Jean Dorval

vent d'automne
des feuilles d'orme s'échappent
de mon râteau

Blanca Baquero

des rires cristallins
sous un amas de feuilles
samedi matin

Gracia Couturier

sur un rocher solitaire
quelques lichens
et du silence

Gilles Ruel

loin de tout

trêve de l'Action de grâce

l'odeur des feuilles qui brûlent

Monique Parent

marcher dans les feuilles

une odeur de roussi

un bruit de croustilles

Louise Vachon

collées à mes semelles
feuilles d'automne
et crottes de chien

Blanca Baquero

été indien
dans la lumière chaude
les feuilles safran

Angèle Lux

les épinettes noires
incendiées
soleil couchant

Marie Amiot

coup de grâce
sur l'unique pavot d'octobre
il tombe des cordes

Isabel Vaillancourt

on voit bien le ciel
à travers les arbres
octobre

Yvon LeBlond

pluie et vent d'automne
les aiguilles des mélèzes
glissent sur ma fenêtre

Anne-Marie Tanguay

après la pluie
le tronc des arbres
plus foncé

Jessica Tremblay

percée de soleil
sur les bolets
dans la poêle

Josée Girard

la citrouille
tout s'éclaire dans sa tête
Halloween

Louise Vachon

soir d'Halloween
potage à la citrouille
pour petits sorciers

Hélène Bouchard

pour dessert
tarte à la citrouille
hier l'Halloween

Céline Lefebvre

11 novembre
le rouge du coquelicot
et des souvenirs

Francine Petit

novembre
près de la pierre tombale
des immortelles

Carmen Leblanc

NORIKO IMAÏ, *Sapin*, encre

première neige
la dernière feuille du cormier
tombe   elle aussi

Blanca Baquero

basilic en pot
derrière la fenêtre
la gelée blanche

Andrée Feuillette

ma main contre la fenêtre
les fleurs de givre disparaissent
sous l'empreinte

Anne-Marie Labelle

en route vers la ville
pressée par le temps
doubler des sapins de Noël

Jeanne Painchaud

26 décembre
seul sur le trottoir
le sapin dépouillé

Francine Petit

en bordure du sentier
des sapins enneigés
au bout   la lune

Denise Ruest

tableau en noir et blanc
le gémissement du vent
à la cime des grands pins

Évelyne Voldeng

midi de février

notre vieux pommier ressemble

à un mésangier

Hélène Boissé

un bouquet de marguerites

dans un pichet céramique

l'été en février

Marcelle Roy

peuplier baumier
d'une branche à l'autre
glisse un avion

Francine Chicoine

NORIKO IMAÏ

Il y a plus de vingt ans, j'arrivais dans la région de la Côte-Nord au Québec et je me suis adaptée à mon nouvel environnement en tirant avantage de sa nature particulièrement généreuse et inspirante. Les oiseaux de mer sont vite devenus un sujet de fascination. Ainsi, j'ai contribué à populariser le sympathique macareux moine des Îles Mingan. Maintenant établie dans la ville de Québec, je continue d'explorer de nouvelles avenues à travers le prisme de ma sensibilité japonaise.

Noriko Imaï

Noriko Imaï réalise des expositions en solo et participe à de multiples expositions de groupe et symposiums tant au Québec qu'à l'étranger. Elle a obtenu plusieurs prix au Canada et au Japon.

Ses œuvres sont publiées dans des livres d'art et des guides touristiques. Aux Éditions David, elle a contribué à l'illustration de Dire le Nord *et a réalisé celle de* Dire la faune.

INDEX DES AUTEURS

TABLE DES ILLUSTRATIONS

Noriko Imaï

TABLE

DÉJÀ PARUS DANS LA COLLECTION
VOIX INTÉRIEURES – HAÏKU

Collection dirigée par Francine Chicoine

BEAUDRY, Micheline. *Les couleurs du vent* (Préface de Monique Laforce), Ottawa, 2004.

BANNINO, Vanessa-S.-E. *Souffle de paix*, Ottawa, 2002.

COUZIER, Nane. *Petit jardin d'heures*, Ottawa, 2004.

DUHAIME, André. *Cet autre rendez-vous* (Préface de Robert Melançon), Orléans, 1996, 2e tirage (1999).

FAUQUET, Ginette. *Ikebana*, Ottawa, 2002.

GAUTHIER, Jacques. *Pêcher l'ombre*, Ottawa, 2002.

GAUTHIER, Jacques. *Haïkus aux quatre vents*, Ottawa, 2004.

LEBEL, Carol. *Clapotis du temps,* Ottawa, 2003.

NAYET, Bernard. *Juste un grand vent* (Préface d'André Duhaime), Ottawa, 2003.

PAINCHAUD, Jeanne. *Soudain*, Ottawa, 2002.

PARADIS, Monique. *Étincelles*, Ottawa, 2002.

PARENT, Monique. *Fragiles et nus*, Ottawa, 2003.

PLEAU, Michel. *Soleil rouge* (Préface de Pierre Chatillon), Ottawa, 2004.

RAIMBAULT, Alain. *Mon île muette*, Ottawa, 2001.

RAIMBAULT, Alain. *New York loin des mers*, Ottawa, 2002.

TREMBLAY, François-Bernard. *Brèves de saison*, (Préface de Serge Tomé), Ottawa, 2003.

TREMBLAY, Jessica. *Le sourire de l'épouvantail*, Ottawa, 2003.

TREMBLAY, Jessica. *Les saisons de l'épouvantail* (Préface de Jean Dorval), Ottawa, 2004.

VOLDENG, Évelyne. *Haïkus de mes cinq saisons*, Ottawa, 2001.

Renku

BEAUDRY, Micheline, et Jean DORVAL. *Blanche mémoire*, Ottawa, 2002.

CHICOINE, Francine, et Jeanne PAINCHAUD. *Sous nos pas*, Ottawa, 2003.

DUHAIME, André, et Carol LEBEL. *De l'un à l'autre*, Orléans, 1999.

DUHAIME, André, et Gordan SKILJEVIC. *Quelques jours en hiver et au printemps*, Orléans, 1997.

Collectifs

Chevaucher la lune, sous la direction d'André DUHAIME
(Préface de Maurice Coyaud), Ottawa, 2001.

Dire la faune, sous la direction de Francine CHICOINE
(Préface de Robert Melançon), Ottawa, 2003.

Dire la flore, sous la direction de Francine CHICOINE
(Préface de Robert Melançon), Ottawa, 2004.

Dire le Nord, sous la codirection de Francine CHICOINE et
André DUHAIME (Préface de Marc Pelletier), Ottawa,
2002.

Éphémère, ouvrage collectif, Ottawa, 2002.

Haïku sans frontières : une anthologie mondiale, sous la
direction d'André Duhaime (Préfaces d'Alain Kervern
et de Ryu Yotsuya), Orléans, 1998, 2ᵉ tirage (2001).

Haïku et francophonie canadienne, sous la direction
d'André Duhaime, Orléans, 2000.

Rêves de plumes, ouvrage collectif, Ottawa, 2001.

Saisir l'instant, ouvrage collectif, Orléans, 2000.

Achevé d'imprimer
en août 2004
sur les presses de l'imprimerie AGMV Marquis
(Québec) CANADA